BEI GRIN MACHT SICH IHR
WISSEN BEZAHLT

AF157112

- Wir veröffentlichen Ihre Hausarbeit,
  Bachelor- und Masterarbeit

- Ihr eigenes eBook und Buch -
  weltweit in allen wichtigen Shops

- Verdienen Sie an jedem Verkauf

Jetzt bei www.GRIN.com hochladen
und kostenlos publizieren

Bibliografische Information der Deutschen Nationalbibliothek:

Die Deutsche Bibliothek verzeichnet diese Publikation in der Deutschen National-
bibliografie; detaillierte bibliografische Daten sind im Internet über http://dnb.d-
nb.de/ abrufbar.

Impressum:

Copyright © 2014 GRIN Verlag, Open Publishing GmbH
Druck und Bindung: Books on Demand GmbH, Norderstedt Germany
ISBN: 9783668325852

Dieses Buch bei GRIN:

http://www.grin.com/de/e-book/342163/schulsozialarbeit-ein-portfolio

Sandra Stockham

Schulsozialarbeit. Ein Portfolio

GRIN Verlag

GRIN - Your knowledge has value

Der GRIN Verlag publiziert seit 1998 wissenschaftliche Arbeiten von Studenten, Hochschullehrern und anderen Akademikern als eBook und gedrucktes Buch. Die Verlagswebsite www.grin.com ist die ideale Plattform zur Veröffentlichung von Hausarbeiten, Abschlussarbeiten, wissenschaftlichen Aufsätzen, Dissertationen und Fachbüchern.

Besuchen Sie uns im Internet:

http://www.grin.com/

http://www.facebook.com/grincom

http://www.twitter.com/grin_com

Portfolio

Modul 17.1

Bildung und Erziehung

Schulsozialarbeit

Gliederung:

1. Einleitung: 3

2. Termin am 31.03.2014 3

3. Termin am 01.04.2014 4

4. Termin 02.04.2014 5

5. Termin am 04.04.2014 6

6. Termin 09.04.2014 7

7. Termin 16.04.2014 8

8. Termin 23.04.2014 9

9. Termin 30.04.2014 10

10. Termin 07.05.2014 10

11. Termin 14.05.2014 11

12. Termin 21.05.2014 11

13. Termin 04.06.2014 12

14. Termin 18.06.2014 13

15. Termin 02.07.2014 13

16. Fazit 14

Literaturliste 15

1. Einleitung:

Ich schreibe dieses Portfolio um meine Lernerfolge in Modul 17 zu Reflektieren und die Veranstaltung zu dokumentieren. Ich habe in Modul 17 den Schwerpunk Bildung und Erziehung / Schulsozialarbeit gewählt da ich mich sehr für das Schulsystem und die Pädagogische Arbeit mit Schülern interessiere. Während des Semesters haben wir uns mit verschiedenen Schulen und verschiedenen Trägern von Schulsozialarbeit beschäftigt. Auch haben wir uns mit den Gesetzlichen und Politischen Grundlagen befasst. Und Verschiedene Arbeitsweißen und Modele kennengelernt. Auf den folgenden Seiten werde ich meine Eindrücke und Lernerfolge schildern und das erfahrene wiedergeben.

2. Termin am 31.03.2014

An diesem ersten Termin erläuterte Herr Prof.Dr. v. Reischach die Anforderungen an das Portfolio und die Möglichkeiten, für das 400-Stunden-Praktikum. Das Praktikum muss bis zum Ende des 5. Semesters abgeleistet sein, für den Praktikumsbericht haben wir 4 Wochen Zeit. Das Praktikum soll in einer Schule, einem Hort, einem Jugendzentrum oder einem Jugendhaus stattfinden und einen unmittelbaren Bezug zur Schule haben. Wichtige Voraussetzung für die Praxisstelle ist, dass dort mindestens ein Sozialarbeiter/eine Sozialarbeiterin oder ein Sozialpädagoge/Sozialpädagogin arbeiten und unsere Anleitung übernehmen. Anschließend verteilten wir die Referate zu den Themen „Hilfen zur Erziehung/Erziehungsberatung", „Methoden der Schulsozialarbeit", „ Einführung in die Schulstruktur der Bundesrepublik", „Ganztagsschule" und „Geschichte von Jugendhilfe-Schule". Anschließend ging Herr Prof. Dr. v. Reischach die Literaturliste mit uns durch und stellte die geplanten Exkursionen vor. Hierzu zählen der Besuch der Geschwister-Scholl-Schule Offenbach, der Ernst-Reuter-Schule Frankfurt, des Zentrums für Erziehungshilfe und eventuell eine Feldstudie an der Odenwaldschule. Anschließend befassten wir uns mit den anstehenden Themen: Konzepte der Schulsozialarbeit, allgemeine Jugendhilfe und Schule, Schulsozialarbeit, Sozialpädagogische Schulen. Hier besprachen wir das Beispiel der Freien Schule Frankfurt, die Kinder ab dem 3.Lebensjahr bis zum 12.Lebensjahr, Ende der 6. Klasse, unterrichten und betreuen. Auch werden wir uns mit der historischen Entwicklung beschäftigen, Projektarbeiten, Bildung, Methoden und Internationale Ansätze werden uns in den nächsten Wochen auch beschäftigen. Wir besprachen auch die Tätigkeitsbereiche von Schulsozialarbeit und die Überschneidungen zwischen Schule und Sozialarbeit, im Speziellen die Kooperation zwischen dem Lehrkörper und den Sozialarbeitern. Unser Aufgabenfeld in der Schulsozialarbeit setzt sich hauptsächlich aus Beratungsangeboten für Schüler, Lehrer und Eltern, methodisches Handeln/soziale Gruppenarbeit, Projektarbeiten, das Schaffen von Lernorten und Bildungsorten, Gemeinwesenarbeit, Jugendarbeit an der Schule und der Nachmittagsbetreuung zusammen. Von hier aus gingen wir zu den Elementen der Schulsozialarbeit die sich aus Unterrichtsteilnahme, offenen Freizeitangeboten, Beratung, Einzelfallhilfe, Vermittlung an andere Dienste und Jugendhilfe zusammensetzen. Hierbei warfen wir auch einen Blick auf verschiedene Formen der Schulsozialarbeit. Anschließend sahen wir einen Film der GEW und diskutierten die Inhalte des Films. Wir fanden, dass die Schulsozialarbeit in dem Film nur von der positiven Seite gezeigt wurde, natürlich sind all die im Film erwähnten Fakten wünschenswert, aber die Realität ist leider momentan eine andere. Als nächstes hörten wir eine CD, auf der verschieden Schulen und deren Schulsozialarbeit vorgestellt wurden. Die Wilhelm-Olbers-Schule Bremen beispielsweise arbeitet mit 5 festangestellten Sozialarbeitern und Sozialarbeiterinnen für 1000 Schüler, die Stellen werden über den Förderverein finanziert (hier frage ich mich wie der Förderverein das Geld hierfür aufbringt). Bei der Schule handelt es sich um eine Ganztagsschule, die durch die Schulsozialarbeiter, die Ihre Beratungsräume in einem Flur „Soziales Band" genannt haben, eine positive Veränderung des Schulalltags feststellen konnte. Auch sprachen Mitarbeiter der Hessenwaldschule Weiterstadt, dort berichteten die Sozialarbeiter von einem 3 Jahre andauernden Prozess bis man sich mit den Lehrern zu einem Team verbunden hatte. Dort lernen die Kinder in einem Trainingsraum Ihre Bedürfnisse positiv zu formulieren. Es wurde auf der CD besprochen, was es für Schulen für Möglichkeiten gibt, sich Schulsozialarbeit bezuschussen zu lassen und dass die Realität leider oft aus befristeten Verträgen und dem Betreuen von mehreren Schulen besteht, auch gibt es noch viele weiter Baustellen, an denen gearbeitet werden muss. Hierzu zählt die Verbesserung des Arbeitsalltags durch Schaffung von festen Stellen an allen Schulen von Grundschule bis Gymnasium und eine bessere Vernetzung mit anderen Institutionen. Als eine gute Variante gegen Schulschwänzen erwies sich der sogenannte „First Day Call" und durch die Möglichkeit sich bei den Sozialarbeitern aufzuhalten, wenn man den Schulalltag nicht schafft, konnten die Jugendlichen zumindest in der Schule gehalten werden.

Dieser Einführungstag hat mir einen guten Überblick verschafft und mich zum Nachdenken angeregt.

3. Termin am 01.04.2014

An unserem 2. Treffen haben wir uns mit dem Text „Schulsozialarbeit: Bundesministerium Frauen, Familie, Kinder und Jugend" beschäftigt. In der Plenums-Diskussion erarbeiteten wir, dass sich die Schulsozialarbeit in den letzten 8 Jahren verdoppelt hat, leider ist während dieser positiven Entwicklung auch eine negative Tendenz zu verzeichnen: die Anzahl der Vollzeitbeschäftigungen sind leider absteigend. Für die Umsetzung einer guten Schulsozialarbeit ist es notwendig, ausreichend Fachpersonal in feste Verträge zu übernehmen. Während des Bildungs- und Teilhabe-Paketes wurden über diese Finanzierung die Stellen für Schulsozialarbeiter und Fachpersonal in Horten finanziert. Nun, da das Paket ausläuft, stehen die Stellen auf wackeligen Füßen, in einigen Schulen stellt man sich die Frage, ob die Schule bei ihrer Art und Lage überhaupt auf Sozialarbeit angewiesen ist. Auch stellt sich die Frage, wie weit Schulsozialarbeit unterstützen soll, sind Schulsozialarbeiter für Hausaufgaben und lernen zuständig?

In der Praxis hat sich gezeigt, dass ein ausgereiftes Schulsozialarbeitsprogramm besonders bei Schulschwänzern hilfreich ist, um einen besonderen Zugang zur Schule zu eröffnen. Der oben genannte Text und die Diskussion haben nochmal einen besonderen Blick auf die Thematik eröffnet.

Weiteren Aufschluss zur momentanen Entwicklung der Schulsozialarbeit sowie der Lebenswirklichkeit unserer Kinder und Jugendlichen bietet der 14. Kinder und Jugend Bericht.

Die zweite Hälfte dieses Tages verbrachten wir in der Geschwister-Scholl-Schule Offenbach, dort gewährte uns Tim Hutfilter-Rösch (Dipl. Sozialpädagoge) einen Einblick in seine Arbeit und seinen Alltag als Schulsozialarbeiter. Tim und seine Kollegin Annette Rösch sind beide vom Verein CVJM Frankfurt angestellt, dies ist der größte christlich-ökumenischer Jugendverband und ein freier Träger der Jugendhilfe, sowie Arbeitgeber der Sozialen Arbeit. Er erklärte uns, dass Schule der Lebensraum für Kinder und Jugendliche ist, da sie hier einen Großteil ihrer Zeit verbringen und hier auch ihre Peergroup finden. Tim schilderte uns seine Arbeitsabläufe. Da die Schüler meist dann die Hilfe der Sozialarbeiter suchen, wenn es bereits brennt, versucht das Team durch AG´s und Angebote in der 5. Und 6. Klasse eine stabile Beziehung bzw. ein Vertrauensverhältnis aufzubauen. Die Projekte werden vom Kultusministerium finanziert, sodass die Eltern lediglich für die Fahrt nach Michelbach einen Eigenanteil von 30 Euro tragen müssen. Das Programm aus verschiedenen Projekten und AG´s ist in den letzten 12 Jahren gewachsen. Tim hat in den letzten 12 Jahren ca. 200 Elterngespräche geführt und 4 Hausbesuche gemacht. Das Ziel des Sozialarbeits-Teams ist es, die Kinder und Jugendlichen zu begleiten. Zu diesem Zweck wurden in den letzten 12 Jahren folgende Inseln, AG´s und Projekte geschaffen; das Schülercafe Break, der Ruheraum, das Starterprojekt für die 5.Klässler, soziales Lernen im Camp Michelstadt, die Kreativwerkstatt, das Jungenprojekt, das Gartenprojekt, verschiedene Events und natürlich die Beratung und Krisenintervention.

Der Besuch bei den Schulsozialarbeitern der Geschwister Scholl Schule Offenbach hat mir einen bleibenden Eindruck von heutiger Schulsozialarbeit vermittelt und mich zum Nachdenken angeregt.

4. Termin 02.04.2014

An 3 Termin haben wir eine Gruppenarbeit zum Text durchgeführt, mit anschließender Vorstellung der Ergebnisse und Diskussionsrunde, jede Gruppe erarbeitete 4 Thesen, hier ein Beispiel:

1. Die Kooperation von Schulsozialarbeit und Schule ist Grundvoraussetzung für eine gute Schulentwicklung.

2. Die Schüleranzahl pro Sozialarbeiter sollte gesetzlich gedeckelt werden.

3. Die spezifische Ausbildung von Schulsozialarbeitern an Hochschulen sollte erweitert werden.

4. Fest- und Vollzeitstellen sollten Vorrang vor dem Angebot des Masterstudiengangs Schulsozialarbeit haben.

Anschließend hatten wir eine Gesprächsrunde zu der Fragestellung „Was würde ich anbieten?"

Für mich wäre es wichtig, die Kinder mitbestimmen zu lassen und Partizipation zu praktizieren, dies sehen manche als schwierig an.

Für mich war die Erkenntnis des Tages, dass es wichtig ist, Schulformentwicklung voranzutreiben und dass dies an allen Schulen unabhängig von Schulform und Alter der Kinder Sozialarbeit gängige Praxis wird.

5.   Termin am 04.04.2014

Am letzten Tag der Blockwoche erarbeiteten wir verschiedene Konzepte der Schulsozialarbeit:

1. Integrierter Ansatz von Olk, Bathke und Hartnuß

   Der Integrierte Ansatz sieht die Ganztagsschule als Lern- und Lebensraum mit Öffnung in das Gemeinwesen und die Lebenswelt. Er zeichnet sich durch eine ausgeprägte Autonomie ab, und arbeitet mit kognitiven Lernkonzepten die durch Modelle des erfahrungsorientierten Lernens ergänzt werden. Die Soziale Arbeit stellt in diesem Ansatz eine Bereicherung für das Gesamtsystem Schule da. Durch eine Unterrichtsbezogene zusätzliche Bereicherung des Unterrichts reformiert sich Schule sozusagen durch diesen Ansatz. Durch eine doppelte Öffnung, sowohl in das Gemeinwesen (Vereine, Theater, Handwerker) als auch intern Sozialarbeiter in den Unterricht, erzielt dieser Ansatz positive Wirkung. Die Forderung ist hier Sozialarbeit für alle Schüler und verträglichere Schule für Schüler. (vgl. Reader....., S. 157 – 161)

2. Schulbezogene Jugendhilfe von Prüß

   Die kognitiv ausgerichtete Schule ist für Kinder heutzutage kaum noch zu bewältigen, durch Lebensprobleme kommt es häufig zu Schulproblemen. Hier ist Schulsozialarbeit als Hilfespende gefragt. Prüß fordert Ganztagsschulen in Form von Gesamtschulen in systemischer Art, als Lebensraum und Kulturort, die „Lebens-Schule". (vgl. Reader...., S. 168 – 172)

3. Familienorientierte Schülerhilfe nach Roth

   Roth sieht den Ansatz bei den Eltern. Indem er sie fördern will, die Stärken und Schwächen ihrer Kinder zu sehen, erhofft er sich eine gute und fruchtbare Zusammenarbeit. Dies ist ein systemischer Ansatz, mit dem er über Sozialpädagogische Familienhilfe und Selbsthilfepläne Struktur in den Familien entwickeln will. Dieser Ansatz ist nicht generell präventiv. Er beruht auf drei Säulen; der Sozialpädagogischen Gruppenarbeit, der Familienhilfe und der Gemeinwesenarbeit. Ziel ist hier die Schüler Gruppenfähig zu machen. (vgl. Reader....., S. 172 – 175)

4. Schulstationen Nebermanns

Nebermann möchte mit seinen Schulstationen einen Ort der Ruhe für Schüler schaffen. Hier sollen die Schüler emotional und sozial gestärkt werden, auch dienen diese Stationen zum Stressabbau während des Unterrichts. In erster Linie ist dies für auffällige Schüler gedacht. In den Schulstationen kommen verschiedene Methoden zum Einsatz, zum Beispiel Gespräche, Beratung, Elternarbeit und Vermittlung.

Anschließend diskutierten wir über die Vor- und Nachteile der einzelnen Ansätze und einer Schulrhythmitisierung sowie die Vor- und Nachteile von Ganztagsschulen.

Als Abschluss dieser Einführungswoche sahen wir den Film „Treibhäuser der Zukunft/Schulentwicklung". Der Film stellte verschiedene Schulen und ihre Konzepte vor, hierzu gehörten zum Beispiel die Jena Planschule, die sich durch ein ganzheitliches Konzept von der Vorklasse bis zum Abitur auszeichnet und mit Spaß, Zeit und Freiheit unterrichtet. Sie versteht sich als Schule des Verstehens, Demokratie und Individuelle Förderung sind Grundfeiler dieser Schule. Eine Schule aus Bremen die sich an den Futuren-Schulen Schwedens orientiert, durch Rhythmitisierung, Individualisierung und Zusammenarbeit wird hier für das Leben gelernt. Die Bodensee-Schule, 1971 gegründet, bietet von der Grundschule über die Hauptschule bis zur Realschule in Ganztagsform eine positive und selbstbestimmte Lernmöglichkeit. Durch Rituale und Strukturierung können die Schüler hier seit drei Jahren in Familienklassen in Freiarbeit und Projekten selbstbestimmt lernen. Diesen Schulen wurde Schloss Salem, ein Eliteinternat und ein klassisches Gymnasium gegenüber gestellt. Der Film war sehr aufschlussreich und hat zum Nachdenken angeregt. Für mich war der Lernerfolg dieses Tages sowohl die Erkanntnis, dass der integrierte Ansatz für mich der passende ist, als auch, dass es durchaus gute Schulen gibt, ich war sehr beeindruckt von der guten Arbeit der Jena-Plan-Schule. (vgl. Reader....., S. 178 – 182)

6.   Termin 09.04.2014

An diesem Termin hat Herr Prof. Dr. v. Reischach uns in die Soziale Arbeit und die Jugendhilfe eingeführt und uns einen ersten Überblick in Sachen Hilfe zur Erziehung verschafft. Wir lernten, dass es einen Anspruch auf Hilfe zur Erziehung gibt, über eine Erziehungsberatung kann jeder Zeit niedrigschwellige Hilfe bezogen werden. Damit das Kind in Gruppen besser zu Recht kommt, ist Soziale Gruppenarbeit/Gemeinwesen Arbeit möglich. Im Jahr 1922 wurde die sogenannte Schutzhilfe ins Leben gerufen, heute hat sich dies etwas gewandelt und gliedert sich zum Einen in die freiwillige Erziehungsbeistandschaft, bei der ein Sozialarbeiter bzw. eine Sozialarbeiterin für 10 bis 12 Jugendliche zuständig ist, diese betreut und eine Beziehung zu ihnen aufbaut. Ergänzt wird diese Arbeit durch intensive Elternarbeit und Einbeziehung der Schule und die Betreuungshilfe, die vom Jugendamt angeordnet wird. Auch gibt es zur Unterstützung der Familien die Sozialpädagogische Familienhilfe, dort wird die Familie im Alltag und der Planung von einer Fachkraft unterstützt. Eine intensivere Hilfe ist die Erziehung in Tagesgruppen, hier werden die Kinder und Jugendlichen eng betreut. Der Betreuungsschlüssel in diesen Gruppen von auffälligen Kindern ist höher, als in gängigen Einrichtungen, es kommen auf 9 Kinder 2 – 3 Erzieher oder Sozialarbeiter. Zentrale Punkte dieser Arbeit sind eine enge Zusammenarbeit mit Schule und Elternhaus, wobei letzteres oft schwierig ist, da Absprachen nicht eingehalten werden. Noch intensiver ist die Vollzeitpflege, hier werden Kinder und Jugendliche in Pflegefamilien untergebracht. Ziel dieser Unterbringung ist es, den Kindern und Jugendlichen ein Stück Normalität in einer Familie zu ermöglichen. Leider Scheitern ein Drittel aller Pflegefälle, häufig können die Kinder und Jugendlichen sich nicht in das unbekannte Milieu einfinden und die Pflegeeltern können nicht mit den Problemen umgehen. Als andere Unterbringungsmöglichkeit gibt es noch die Heimerziehung, ein solcher Platz kostet 130 Euro pro Tag. Ein ganz anderes Hilfsmittel ist die Jugendsozialarbeit, häufig ein offenes niedrigschwelliges Angebot, wie beispielsweise Streetwork. Das Ziel ist es, benachteiligte Jugendliche von Gefahren fern zu halten. Die am meisten bekannten Angebote sind im Bereich Familienbildung, hier gibt es die verschiedsten Angebote, wie beispielsweise Pekip-Kurse, Babymassage, Kinderturnen oder Spielgruppen. Seit dem 01.08.2013 gibt es einen Rechtsanspruch auf Krippen oder Tagesmütter, Betreuung ab dem 12. Lebensmonat. Ab dem dritten Lebensjahr hat jedes Kind einen Rechtsanspruch auf einen Kindergartenplatz. Leider gibt es keinen Rechtsanspruch auf einen Hortplatz, da zu wenige Plätze vorhanden sind. Der Lernerfolg an diesem Tag war für mich eine Vertiefung des Grundwissens der Erziehungshilfe und Betreuungsangebote sowie der Rechtslage.

7. Termin 16.04.2014

Im Aufbau auf die letzte Veranstaltung haben wir den Film der ASD „Notfall Kindeswohl" von Peter Schram gesehen und eine genaue Einführung in die Hilfen zur Erziehung erhalten. Der Fernsehfilm zeigte eindrucksvoll die Arbeit des ASD und die damit verbundenen Schwierigkeiten. Viele der vom ASD ausgeschriebenen Stellen konnten nicht besetzt werden, da die Bewerber sich die Arbeit häufig nicht zutrauten. Der Mitarbeiter schilderte, dass Erziehung heute schwieriger geworden sei, da die Eltern nicht selten Probleme hätten sich zu Orientieren und Werte zu finden, häufig sind sie sehr verunsichert. Auch fällt den Mitarbeitern die dramatisch steigende Zahl von Inobhutnahmen auf. Leider ist zu beobachten dass bei Kindesmisshandlung zu häufig weggeschaut wird. Auch die Mitarbeiter der Jugendämter sehen sich einem hohen Arbeitsaufwand gegenüber. Sie beklagen häufig, als Sündenböcke dargestellt zu werden. Das Arbeitsfeld der ASD ist das Einleiten, Organisieren, Begleiten und Beenden von Hilfen zur Erziehung und das Einschreiten bei Kindeswohlgefährdung. Deutlich zeigte der Film, dass zu viele Fälle auf einen einzelnen Mitarbeiter kommen. Die enorm große Masse schafft mehr Druck, als die einzelnen Fälle. Die Mitarbeiter sehen sich tragischen Familiengeschichten und Problemen gegenüber, Babys die grün und blau geschlagen wurden, 3 Jährige, die sexuell missbraucht wurden oder Pflegeeltern, die von den Herkunftsfamilien tyrannisiert werden. Sich für das Kindeswohl einzusetzen, zehrt gewaltig an den Nerven. Diese extreme Belastung kann auch durch Supervision nicht ausgeglichen werden. Das Ziel der Mitarbeiter ist es, den Kindern bessere Lebensbedingungen zu schaffen, ihnen eine Chance zu geben. In den Familien sollen sich feste Strukturen aufbauen damit die Kinder wieder bei ihren Eltern leben können. Für mich waren die Fallschilderungen in dem Film sehr schockierend und belastend.

8. Termin 23.04.2014

In der Sitzung am 23.04.14 haben wir uns mit den Hilfen zur Erziehung beschäftigt, diese speziellen, teuren und intensiven Hilfen sind einklagbar, da ein Rechtsanspruch besteht. Wir haben folgende Arten von Erziehungshilfen besprochen: Die Soziale Gruppenarbeit, hier geht es beispielsweise um Antiagressionstrainings, Hilfen für Straffällige oder um das gruppenfähig machen der Kinder und Jugendlichen. Dann gibt es die Intensiven Hilfen, § 30 Erziehungsbeistandschaft hier arbeitet ein Sozialarbeiter 2 – 3 mal pro Woche mit dem Kind oder Jugendlichen, §31 ist die in den 70ger Jahren entstandene Sozialpädagogische Familienhilfe, hier arbeiten die Sozialarbeiter mit den Familien in deren Wohnung und helfen, den Tagesablauf zu strukturieren und die Erziehung zu unterstützen. §33 ist die Vollzeitpflege, bei der Kinder oder Jugendliche in einer Pflegefamilie untergebracht werden und dort als Familienmitglied leben. §32 sind die zwischen den 70gern und 80gern entstandenen Tagesgruppen in denen eine enge Zusammenarbeit zwischen Schule, Elternhaus und Sozialarbeitern praktiziert wird. Ein hoher Personalschlüssel ist hier Standard, um eine effektive Arbeit leisten zu können, in der Regel kommen auf 9 Kinder 2 bis 3 Erzieher und Sozialpädagogen. Die Heimerziehung ist unter § 34 zu finden und wird zunehmend weniger angewendet, heutzutage werden 8 Kinder pro Gruppe rund um die Uhr von Fachpersonal betreut, in seltenen Fällen verfügen die Heime über eigene Schulen, im Regelfall besuchen die Kinder jedoch eine Regelschule, hier findet dann auch eine Zusammenarbeit zwischen Lehrern und Sozialarbeitern statt. Es gibt auch verschieden spezialisierte Heime, zum Beispiel Mutter-Kind-Heime oder Heime für Kinder und Jugendliche mit psychischen Problemen. Unter § 35 findet man die Intensive Einzelbetreuung, diese kann sowohl ambulant als auch stationär stattfinden, teilweise auch im Ausland und als Erlebnispädagogik. Über den § 41 können die Hilfen auch für längere Zeit gewährt werden, bis maximal zum 27. Lebensjahr, in der Regel jedoch meist bis 22 Jahre. Unter § 35a ist die Unterstützung für Kinder mit psychischen Problemen geregelt, hier auch im speziellen die Finanzierung für Therapien bei LRS und Dysleksy oder die Schulbegleitung für Kinder mit Autismus. Auf diese Hilfen haben Eltern einen Rechtsanspruch, der oft erkämpft werden muss. Ein weit verbreitetes niedrigschwelliges Angebot sind die Erziehungsberatungsstellen, hier können sich die Eltern jederzeit melden und einen Termin vereinbaren. Häufig suchen die Eltern dort Hilfe, wenn ihre Kinder

Schulprobleme haben, zwei markante Punkte sind häufig in Klasse 3/4 und während der Pubertät. Zu diesem Thema haben wir einen Film gesehen, dort wurde anschaulich gezeigt, dass die Beratungsstellen gut ausgestattet sind. Zudem wurde der Szenokasten erklärt. Auch schilderte der Film den zeitlichen Ablauf sehr deutlich; alles beginnt mit der Kontaktaufnahme durch die Eltern (Terminvereinbarung), dann kommt das Erstgespräch, häufig gefolgt von der gezielten Beobachtung und dem Abschlussgespräch. Zusätzliche Angebote sind die Heilpädagogische Gruppenarbeit und die Familienberatung die von einer Beraterin und einem Berater mit der gesamten Familie durchgeführt wird. Für mich war der Lernerfolg des heutigen Tages die bessere Kenntnis über die Paragraphen und den Anspruch auf die einzelnen Hilfen.

9.   Termin 30.04.2014

Wir haben in der Veranstaltung Recherche zur Vorbereitung der Feldstudie „Ernst-Reuter-Gesamtschule" betrieben. Im Internet fanden wir folgende Infos: die Schulsozialarbeit an der Ernst-Reuter-Schule wird über die AWO organisiert und besteht aus 3,5 Stellen. Die Mitarbeiter bieten ein großes breitgestreutes offenes Angebot, Elternkaffee und dreimal pro Jahr ein Sonntagsbrunch, den Schulgarten mit Landwirtschaft, Ferien und Wochenendfreizeiten, Kreativangebote, Soziale Gruppenarbeit, Mädchengruppe, verschiedene Workshops (z.b. Bilingualer Workshop zum Thema Haarpflege), Sportangebote (z.b. Baseball-Workshop), Freizeitpädagogik, Erlebnispädagogik, Berufliche Orientierung, Einzelfallhilfe in niedrigschwelliger Form, um gegebenenfalls an spezielle Stellen weiterzuleiten und geschlechterspezifische Arbeit. Zusätzlich unterstützt die SIS das große jährliche Laufest. Seit 2005 ist die Schulsozialarbeit der ERS zertifiziert. Die Ernst-Reuter-Gesamtschule ist im offensiven Geist der 70ger Jahre gegründet worden und hat es sich seit dem zur Aufgabe gemacht, Schule anders zu gestalten. Dies zeigt sich bis heute in folgenden Besonderheiten, die Schulleitung wird gewählt, es gibt einen 3. Welt-Laden in der Schule, damit die Schüler erste praktische Erfahrungen sammeln können, es gibt eine Bücherei und den Wahlpflicht-Unterricht, es gibt Erforschen, Biologie, Online-Helden und einen wählbaren Theater-Schwerpunkt. Für mich war der Lernerfolg dieses Tages, dass es hier im Rhein-Main-Gebiet eine Schule mit solch guten Voraussetzungen gibt, dies war mir neu.

10.   Termin 07.05.2014

Feldstudie an der Ernst-Reuter-Schule Frankfurt: Um 9.00 Uhr trafen wir uns mit der Schulsozialarbeit der ERS und erhielten eine erste Einführung in den Alltag und die Arbeit an der Schule. Die zuvor gesammelten Fakten der Schule und der SIS wurden durch die visuellen Eindrücke und die zusätzlichen Erläuterungen der Mitarbeiterin sehr verständlich und greifbar, zusätzliche Erkenntnisse erlangten wir auch, wie zum Beispiel, dass die Schule Inklusiv Arbeitet. Erschüttert war ich von der Erkenntnis, dass es an der Schule so viele Fälle von Kindeswohlgefährdung bzw. Kinder-Schutz-Fällen gab, es waren im

Jahr 2013 insgesamt 13 Fälle. Dies hängt anscheinend mit dem Einzugsgebiet der Schule zusammen, Brennpunkt-Schule. Auch fand ich die Ausstattung der Schule bzw. Sozialarbeit eher schlecht, dies hängt anscheinend an den Finanzen, es wird immer wieder nach Sponsoren gesucht. Die Außenangebote der Schulsozialarbeit haben mich im Gegensatz sehr beeindruckt, die Skifreizeit und die Sommerfreizeit sind sehr ausgefeilte und pädagogisch durchdachte Angebote der Sozialarbeiter. Die Veranstaltung hat mir vermittelt, dass mit viel Einsatz und Begeisterung der Sozialarbeiter auch in eher schwieriger Umgebung (Elternhäuser) viel für die Schüler erreicht werden kann.

11. Termin 14.05.2014

Die Sitzung am 14.05.2014 diente zuerst der Nachbesprechung des Besuchs an der Ernst-Reuter-Schule. Anschließend gingen wir in eine kleine Gruppenarbeit, dort tauschten wir uns über unsere Qualifikationen aus und darüber, welche wir noch erwerben wollen. In der Großgruppe tauschten wir uns dann über die Ergebnisse aus, hier ein paar Beispiele: Selbstverteidigung, Schmuckbasteln, Töpfern, Erste-Hilfe, Trainerschein. Danach führte Herr Prof. Dr. v. Reischach uns in die Methoden der Sozialen Arbeit ein. Bis in die 70'er Jahre hinein galt eine Dreifaltigkeit der Sozialen Arbeit: Einzelfallhilfe, Gemeinwesensarbeit und Sozialgruppenarbeit. Ab Mitte der 70'er Jahre galt die Methodendiskussion als Tabu. Als in den 90'er Jahren der Professionalisierungsgedanke aufkam, rückten die Methoden der Sozialen Arbeit wieder in den Mittelpunkt der Aufmerksamkeit. Da durch die Unbeständigkeit unserer Klienten (Menschen sind unterschiedlich) ein Technologiedefizit vorliegt, gewann die systematische Beratung an Aufmerksamkeit. Da es keine Supermethode und kein Patentrezept gibt, ist es für Sozialarbeiter sehr wichtig, viele Methoden zu kennen und sie gezielt einsetzen zu können. Auch sind ein gutes Netzwerk und der gezielte Einsatz dieser Fachstellen wichtig. Für mich war der Lernerfolg des heutigen Tages die Erkenntnis, dass für meine zukünftige Arbeit ein gut gefüllter Koffer an Methoden und Fachwissen der Schlüssel zu einer professionellen Arbeit ist. Zum Abschluss hatten wir noch einmal eine kleine Gruppenarbeit mit anschließendem Austausch zum Thema Netzwerke. Hierzu sammelten wir folgende Institutionen die mit Schulsozialarbeit kooperieren können: Elternhaus, Agentur für Arbeit, Schule, Förderverein, Gesundheitsamt, Musik-Schulen, Sportvereine, Jugendamt, Beratungsstellen, Schulamt und Hort.

12. Termin 21.05.2014

Herr Prof. Dr. v. Reischach gab uns eine kurze Einführung in die Schulstruktur der Bundesrepublik Deutschlands. Wir lasen gemeinsam im Reader Seite 48 ff. Er erklärte kurz, dass unser Bildungssystem föderativ ist, also in den einzelnen Bundesländern geregelt wird. Durch den dynamischen Bildungsbegriff in den 60'er Jahren erhöhte sich die Chance auf das Gymnasium zu kommen, auch wenn die Eltern Arbeiter waren. Nach dieser Einführung übergab Herr Prof. Dr. v. Reischach an Silke Ley und mich, da wir zu diesem Thema ein Referat vorbereitet hatten. (Siehe Anhang Powerpoint Präsentation)

13. Termin 04.06.2014

In dieser Veranstaltung besuchten uns die Damen des Zentrums für Erziehungshilfe aus Frankfurt. Wir begannen mit einer Vorstellungsrunde und der Tagesordnung. Frau Neuhaus und ihre Kollegin stellten uns die Institution vor, das Zentrum für Erziehungshilfe ist dem Schulamt und der Stadt Frankfurt angeschlossen. Das Beratungszentrum und Förderzentrum in dem Frau Neuhaus und ihre Kollegin arbeiten, befindet sich im Bezirk West und ist für 20 Schulen zuständig. In Ihrer Arbeit richten sie den Blick insbesondere auf die Familie des Kindes und die Schule, um so helfen zu können. Desweiteren stellten sie drei Modelle vor, um Kinder und Jugendliche wieder in das Schulsystem zu integrieren. Als erstes erklärten sie die Virtuelle Berthold-Simonson-Schule, anschließend erläuterten sie die teilstationäre Lernwerkstatt, die Nachmittags stattfindet. Als drittes erklärten Sie uns das Projekt Neustart, dieses Projekt richtet sich an Kinder und Jugendliche, die keinen Schulplatz haben. Hier werden Schüler und Schülerinnen im Einzelunterricht auf die Rückkehr in das Schulsystem vorbereitet. Das oberste Ziel der Einrichtung ist der Erhalt des Besuches einer Regelschule, hierfür arbeiten folgende Institutionen zusammen: Jugendhilfe/Sozialpädagogik, Schule/Sonderpädagogik, Schule und Elternhaus/Umfeld. Das Leistungsangebot des Zentrums umfasst ein Orientierungsgespräch, Einzelfallarbeit, Beratung von Gruppen, Kurzberatung und klassenbezogene Beratung. Nach 12 bis 14 Wochen gibt es einen Bericht. Das Orientierungsgespräch wird von Lehrern oder den Eltern in Anspruch genommen, diese Beratung kann von den Lehrern ohne Erlaubnis der Eltern in Anspruch genommen werden. Hier wird im Tandem gearbeitet, der Lehrer oder die Eltern Berichten den Mitarbeiterinnen, die aus zwei Fachrichtungen kommen, eine Sozialpädagogin und eine Sonderpädagogin, die sich in Gegenwart der Lehrkraft oder der Eltern austauschen. In manchen Fällen wird mit Rollenspielen gearbeitet. Falls die Mitarbeiterinnen des Beratungszentrums die Klasse besuchen, gibt es einen vorgeschalteten Elternabend. Häufig sind Klassenbesuche dann angezeigt, wenn es eine Klassenproblematik oder Mobbing gibt. Hier berichteten die Damen über eine Lehrerin der ersten Klasse, zu einer Orientierungsberatung kam und mit Hilfe eines Brettes Darstellungen machte, somit wurde die Klassenproblematik deutlich und die Mitarbeiterinnen des Zentrums konnten ein sehr hilfreiches Projekt durchführen. Zum Abschluss stellten sie uns noch ein Struktur-Model vor, die kollegiale Fallberatung, die ungefähr eineinhalb Stunden dauert. Dieses Model gliedert sich in 8 Phasen; 1. Fallschilderung, 2. Echorunde/Körperempfindung, 3. Sachliche Fragerunde, 4. Welche Erwartungen haben die Klienten/Welche Aufträge gibt es? 5. Der Falleinbringer äußert seine Meinung zu Punk 4, 6. Welche Aufträge wurden schon übernommen? 7. Diskussion über den Fall „Interpretation" und „Hypothesen", 8. Lösungsmöglichkeiten. Für mich hat diese Veranstaltung folgenden Lernerfolg gebracht: Ich habe eine neue Institution kennengelernt und verschieden Arbeitsweisen vertieft.

14.   Termin 18.06.2014

An diesem Tag erläuterte Frau Prof. Dr. Bretländer uns die Inklusion, und erläuterte die Entwicklung und historischen Hintergründe bis heute. Der Wechsel von Sonderschulbedürftigkeit zu sonderpädagogischen Förderbedarf fand im Jahr 1994 statt. Die 10 Sonderschulen wurden abgeschafft und dafür sieben bis acht Förderschwerpunkte mit entsprechenden Schulen eingerichtet. Hier gab es das erste Mal die Möglichkeit, Kinder mit Förderbedarf an Regelschulen zu beschulen, falls die Rahmenbedingungen stimmen. Dies hat bis heute Gültigkeit und erschwert aus politischen Gründen eine gute Inklusive Arbeit. Da unsere Schulen meist über zu wenig Personal verfügen, ist eine flächendeckende Inklusive Arbeit nicht durchführbar. Frau Prof. Dr. Bretländer erläuterte uns die Integrationsbewegung 2000 plus und den Inklusionsgedanken. Durch die UN-Behindertenrechtskonvention gab es in Deutschland 2009 eine bildungspolitische Rückendeckung für die Inklusion. Im Artikel 24 Bildung verpflichtet Deutschland sich zu einem Inklusiven Bildungssystem. Zur Realisierung benötigen wir multiprofessionelle Teams und genügend Ressourcen (Personal) in jeder Schule. Inklusion kann nur dann wirklich gelebt werden, wenn die Förderung nicht von einem Antrag abhängt. Aber wie soll das Finanziert werden, fragt sich die Politik. Ganz einfach, die finanziellen Ressourcen sind schon vorhanden, nur stecken diese noch im Sonderschulsystem. Im Jahr 2011 änderte Deutschland (Hessen) das Schulgesetz. Es wurde ein Aktionsplan zur Umsetzung der UN-Behindertenrechtskonvention in Hessen erarbeitet. Dort ist unteranderem festgehalten das die inklusive Beschulung zu fördern ist und bei der Umsetzung der Konvention die Wünsche der Betroffenen zu berücksichtigen sind. (vgl. Hessischer Aktionsplan, Sozialministerium Hessen, S. 17)

Wir sahen als Beispiel für eine gelingende Inklusion den Film von 2005 einer Berliner Schule die als erste in Deutschland inklusiv arbeitete. Hier wurde gezeigt, wie jedes der 22 bis 25 Kinder einer jahrgangsgemischten Klasse mit 4 bis 5 Förderbedarfskindern individuell gesehen und gefördert wird. Durch Projektarbeit, wie hier beispielsweise ein Theater oder Kleingruppenarbeit mit didaktischem Material, wird jedes Kind einbezogen und gefördert. Von dieser inklusiven Arbeitsweise profitieren alle Kinder. Für mich war der Lernerfolg zu sehen, dass die Inklusive Schule sich entwickeln wird, auch wenn es noch ein langer politischer Weg ist.

15.   Termin 02.07.2014

Heute haben wir uns mit den Gesetzlichen Grundlagen von Schule und Jugendhilfe befasst. Diese Gesetzlichen Grundlagen sind im Bundesgesetz sowie in den Landesgesetzen verankert. Die zusätzliche

Verankerung in den Landesgesetzen ist dem Fakt geschuldet das jedes Bundesland sein eigenes Schulgesetz hat, dies nennt man föderativ. Die entsprechenden Gesetze sind folgende:

§ 1, 10, 11, 13, 27, 35 a, 81 SGB VIII (KJHG) befassen sich mit Jugendhilfe und Schule.

§ 11 die Jugendarbeit und § 13 die Jugendsozialarbeit das eine ist ohne das andere nicht möglich, diese beiden Paragrafen bilden gemeinsam die Grundlage von Schulsozialarbeit.

§ 35 regelt die Unterstützung für Kinder mit förderbedarf (z.b. bei Legasthenie) und den Einsatz von Integrationshelfern.

§ 81 Abs. 1 Regelt, dass Jugendhilfe und Schulsozialarbeit mit Schule und Schulverwaltung vernetzt sind.

§ 10 hier ist geregelt das Schule zuerst bei Problemen zuständig ist Hilfe anzubieten, nur wenn dies der Schule nicht möglich ist kommen Jugendhilfe und Schulsozialarbeit zum tragen

Im Reader vertieften wir die Gesetzlichen Grundlagen an Hand des 2. Kapitels. Hier war für mich nochmal sehr verunsichernd zu lesen dass die Zusammenarbeit zwischen Schule und Jugendhilfe eher vage Geregelt ist. In den entsprechenden Gesetzen und den einzelnen Bundesländern ist die Zusammenarbeit nur am Rande erwähnt. (vgl. Reader Jugendhilfe und Schule, Gerald Schreck Graf von Reischach, Heidelberg 2006, S. 88)

Desweiteren besprachen wir die Anforderungen für das Portfolio, wie Umfang und Aufbau.

Auch gab Herr Prof. Dr. v. Reischach einen Überblick für das Modul 18, dieses Modul wird nächstes Semester mit einer Blockwoche beginnen vom 13.10.14 bis 17.10.14 jeweils von 8.30Uhr bis 13.30Uhr. Die laufenden Veranstaltungen finden dann in den geraden Wochen statt jeweils im 2. Und im 3. Block. Der Praktikumsbericht soll 10 bis 15 Seiten lang sein und 3 bis 5 Literaturverweise enthalten. Dies teilt sich auf in 3 bis 5 Seiten Einrichtungsbeschreibung und 10 Seiten Fall oder Projektbeschreibung.

16. Fazit

Das Modul 17.1 Bildung und Erziehung/Schulsozialarbeit hat meinen Blick für die Momentane Situation geöffnet. Besonders die Organisatorischen Hintergründe und die Gesetzlichen Regelungen waren für mich weitestgehend neu und haben mir eine genauere Einsicht in die Gegebenheiten verschafft. Während der Erarbeitung der Präsentation „Die Schulstruktur Deutschlands" wurde mir noch einmal das Ausmaß an Unterschieden in den Bundesländern bewusst. Mir war zwar bekannt dass jedes Bundesland sein eigenes Schulgesetz hat jedoch die Fülle an Unterschieden war mir nicht bewusst. Auch die Praxisbegehungen waren für mich sehr eindrucksvoll und Aufschlussreich. Durch den Kontakt zur Praxis wurde das vorher erarbeitete Theoretische Wissen noch einmal vertieft und greifbarer. Abschließend bleibt zu sagen das ich durch Modul 17 viele Praktische sowie Theoretische Erfahrungen sammeln konnte die mich gut auf das Praktikum in Modul 18 vorbereitet haben.

Literaturliste

Jugendhilfe und Schule Konzepte und Grundpositionen – historische und internationale Aspekte der Bezüge von Jugendhilfe und Schule; Gerald Schreck Graf von Reischach, Universität Heidelberg 2006

- Kapitel 2, Gesetzliche Grundlagen der Zusammenarbeit von Jugendhilfe und Schule; Seite 88

-

- Kapitel 4, Konzepte und Grundpositionen;
- 4.6 Schulsozialarbeit nach dem Integrierten Ansatz von Olk/Bathke/Hartnuß (2000)
- Seite 157ff

4.9 Schulbezogene Jugendhilfe nach Prüß (1996, 2004) Seite 168ff

4.10 Die Familienorientierte Schülerhilfe nach Rothe (1998) Seite 172 ff

4.12 Schulstationen nach Nevermann (2004) Seite 178 ff

Hessischer Aktionsplan zur Umsetzung der UN-Behindertenrechtskonvention; Hessisches Sozialministerium Wiesbaden, Rüsselsheim 2012; Seite 17

BEI GRIN MACHT SICH IHR WISSEN BEZAHLT

- Wir veröffentlichen Ihre Hausarbeit, Bachelor- und Masterarbeit

- Ihr eigenes eBook und Buch - weltweit in allen wichtigen Shops

- Verdienen Sie an jedem Verkauf

Jetzt bei www.GRIN.com hochladen und kostenlos publizieren